Andreas Abst

...bin mal los zum Kap

© 2015 Andreas Abst

Verlag: tredition GmbH, Hamburg

ISBN
Paperback: 978-3-7323-5436-8
Hardcover: 978-3-7323-5437-5

Printed in Germany

Bin mal los zum Kap....

eine erzählte Motorradtour zum Nordkap.

Ich möchte in diesem Bericht nicht über die wunderschöne und atemberaubende Landschaft Norwegens berichten, davon gibt es genug Bildbände und Berichte.

Natürlich geht es nicht ganz ohne, aber viel mehr möchte ich von den Gedanken unter dem Helm berichten.

Seit 1979 fahre ich Motorrad. Ob es gleich zu Anfang meiner Motorradlaufbahn war oder etwas später? Das kann ich gar nicht mehr genau sagen. Jedenfalls faszinierte mich der Gedanke, mit dem Bike zum Kap zu fahren, schon sehr früh.

Viele Tourenkilometer sind seit damals vergangen und nun sollte es endlich so weit sein.

Der Reiz, mit einer 1200 Bandit Baujahr 2002 zum Kap zu fahren, war eigentlich in den letzten 12 Jahren immer präsent. Aber jetzt, wo es so weit war, 136 000 km auf dem Tacho, erste Kupplung, erste Lager, Batterie fünf Jahre alt, letzte Inspektion bei 119 000 km, nächste Inspektion längst überfällig? .... o.k. ... hätte ich ja machen können, aber wo fängt man an, wo hört man auf?

Neue Reifen drauf .... Ölwechsel mit Filter und gut ist es ..... sie lief ja immer, warum nicht auch auf der Tour. Bange machen gilt nicht, jetzt oder nie. Einfach losfahren.

Einfach losfahren ist gut .... weiß nicht, wie es euch so geht, wenn man auf Tour geht.

Irgendwas ist immer ..... kurz vor Reisebeginn wurde meine Mutter mit Herzinfarkt ins Krankenhaus eingeliefert. Einige Tage vor Reisebeginn kam sie nach Hause und es ging ihr den Umständen entsprechend gut. Jetzt müsste also alles passen.

Über die Vorbereitungen einer solchen Tour, was packe ich ein, welches Werkzeug nehme ich mit, wie ist das Tankstellennetz in den skandinavischen Ländern, verzichte ich hier zu berichten. Diese Angaben findet man in jedem Norwegenreisebericht für Motorradfahrer.

Ganz ohne Vorbereitungen geht es natürlich nicht. Jeder Fahrer weiß, was er bei Regen und Hitze mitnehmen muss. Da ich bei schönem Wetter zelten wollte, mussten natürlich auch das Zelt, Schlafsack und Klappstuhl mit, meine Suzi verzeihe es mir. Die vorgeschriebene Menge Dosenbier war Pflicht und passte natürlich auch noch in die Dackelgarage.

Auf den Namen Dackelgarage hat sich Gerd festgebissen. So nennt er das Gepäcksystem von Bags Connection. Seitdem heißt bei uns die Art Gepäcksystem „Dackelgarage", wie ich finde, sehr treffend.

Gerd ist ein guter Freund und einer aus unserer Motorradtruppe.

Wir haben schon sehr viele und schöne Tourenkilometer zusammen erfahren. Das Thema Nordkap war aber für die meisten nie das Thema. „Geht ja nur geradeaus" war die Antwort.

Rolf, auch ein Kilometerfresser und guter Freund, war schon ein Jahr zuvor so weit, zum Kap zu starten, aber da ging es aus beruflichen Gründen bei mir nicht. Gerd hatte leider keine Zeit und so starteten Rolf und ich am 25.06.2015 morgens um 6 Uhr die Reise zum Nordkap.

Es soll nicht ganz unerwähnt bleiben, dass Rolf mit einer GS 1200 am Start war, 8 Jahre alt und 40 000 km auf der Uhr. O.k. .... kann man auch mit zum Kap fahren ... bitte verzeih mir die Spitzfindigkeit, Rolf.

Die Fahrt von Bad Eilsen nach Kiel zur Fähre war mehr so eine Art Findungsphase. Haste alles eingepackt, Kettenmutter angezogen, Regenkombi dabei, habe ich das Handykabel doch zu Hause liegen lassen, Reifendruck habe ich vergessen zu prüfen, sind ja neue Reifen drauf, dann müsste die Werkstatt ja den Druck geprüft haben .. o.k. .... Schluss jetzt .. hab alles.

Fähre Kiel–Oslo mit Stena Line ist mehr so eine Art Minikreuzfahrt. Erstaunlich, was einem auf der Fähre so alles geboten wird.

Wetter passte und wir hatten uns vorgenommen, abends nach den Touren ein Stiefelbier zu trinken. Wir nennen es Stiefelbier, weil wir nach der Tagestour erst ein Bier getrunken haben und dann das Quartier bezogen haben. Schön in Motorradklamotten sitzen und runterkommen ... herrlich.

Unseren Biervorrat konnten wir auf der Fähre schonen und genossen das Bier an Bord bei traumhaftem, herrlichem Wetter. Nicht ganz billig, aber dafür haben wir auf der gesamten Motorradtour nicht so viel Wert auf regelmäßiges Essen gelegt. Nicht dass wir auf die Mahlzeiten verzichtet haben, aber wir haben teilweise Frühstück und Mittag zusammengelegt und abends dann meistens nur noch eine Kleinigkeit gegessen. Passte perfekt, die Essgewohnheiten von Rolf und mir.

Bei 136 000 km auf dem Tacho meiner Suzi kam mir auf einmal der Gedanke, dass ich noch nie höher als Hamburg mit ihr gekommen war. Der Süden hat uns immer in seinen Bann gezogen und der Norden war nie eine Alternative, außer dem Kap, das sollte sich auf dieser Tour aber drastisch ändern.

Wir dockten morgens um 10 Uhr in Oslo an und die Fähre spuckte Passagiere, Autos, Lastwagen und Motorräder aus. Da ich über Nacht meine komplette Ausrüstung mit auf der Kabine hatte, war es morgens eine ganz schöne Schlepperei, es zwischen den Autos durch meine Ausrüstung zum Bike zu schaffen.

Rolf ging es etwas besser, er hatte nicht so viel zu schleppen. Er verzichtete aufs Zelten und wollte sich auf den Campingplätzen eine Hütte mieten. Skandinavien ist übersät mit Campingplätzen, die auch zum größten Teil über Hütten verfügen.

Jetzt ging es endlich richtig los. Wenn wir bei uns durchs Schaumburger Land fahren und wir eine größere Strecke vor uns haben, sagen wir immer: JETZT MACHEN WIR KAPELLE. Das Wort Kapelle begleitete uns auf der ganzen Tour.

Also Start frei ... Los geht es ... Kapelle machen.

Der Plan zu Hause war, noch schnurstracks auf der E 6 hoch zum Kap und die Zeit, die übrig bleibt, für den Rückweg an der Küste und den Fjorden aufzuteilen.

Planänderung .... das Wetter war einfach zu schön, um nur auf der E 6 gen Norden zu fahren. Wir entschlossen uns, über Geiranger, Trollstigen und Lofoten hoch zum Kap zu fahren.

Also Kapelle machen. Die Findungsphase ging weiter. Zuhause alles in Ordnung? Mutter ging es noch gut? War der Starkregen so stark, dass es wieder durchs Dach geregnet hat?

Ich konnte die Landschaft genießen und über andere Dinge nachdenken, da ich mich wie eine Klette an Rolfs GS hängte. Mein persönlicher Tourguide Rolf machte die Sache bis zum Schluss perfekt. Abends die Tour für den nächsten Tag besprochen und ab ins Navi. Ich glaube, ich könnte Rolfs GS von hinten im Schlaf malen nach der langen Tour.

Erster Stopp kurz vor den Trollstigen bei Dombasi. Hütte gemietet und kein Zelt aufgebaut. Auf der ganzen Tour kam das Zelt nur 5-mal zum Einsatz. Lag daran, dass die meisten Hütten nicht nach Personen, sondern die Hütte selbst bezahlt wird, egal, wie viele Personen darin übernachten.

In den meisten Fällen war es günstiger, nur die Hütte zu mieten, anstatt noch einen zusätzlichen Zeltplatz dazuzumieten. Das Wetter war gut, aber abends doch teilweise sehr frisch. Gerne habe ich das Angebot von Rolf, die Hütte finanziell und räumlich zu teilen, angenommen.

Die Serpentinen der Trollstigen sind einfach ein Erlebnis. Die Strecke erinnert ein wenig an das Stilfser Joch, traumhaft .

Weiter Kapelle machen Richtung Geiranger, Fährüberfahrt und dann die grandiose Aussicht von der Plattform oberhalb vom Geiranger genießen.

Glück gehabt, es lag nur ein Kreuzfahrtschiff im Hafen und so konnten wir fast ungestört durch den Hafen schlendern, ohne vom Massentourismus erdrückt zu werden.

Das Wetter war immer noch auf unserer Seite und die Sonne schien mit voller Kraft. Übernachtung bei Kram in einer Hütte.

Mit weiterer Fjordüberquerung Richtung Bodo, Ausgangspunkt für die Überfahrt zu den Lofoten. Überquerung des Polarkreises. Halt im Polarkreiszentrum mit Besichtigung und bewölktem Himmel. Nicht groß erwähnenswert, Hütte in Bodo gemietet, Stiefelbier und ab ins Bett, sorry, Pritsche. Wir hatten bewusst die Motorradtour auf die Mittsommerzeit gelegt, um so die Tagestouren flexibel gestalten zu können. Zu dieser Jahreszeit wird es ja nachts kaum dunkel. Je höher man gen Norden fährt, desto mehr verliert man schnell das Zeitgefühl, da es hier nachts taghell ist. Morgens etwas länger liegen bleiben, dafür abends länger fahren war der Plan. Morgens länger liegen bleiben haben wir nicht einmal geschafft, spätestens um 9 Uhr war Start. Das lag vielleicht an den hellen Nächten, und ich war froh, dass ich meine Nachtbrille mithatte. Von der ganzen Ausrüstung war es das Teil, worauf ich auf keinen Fall verzichten wollte. Brille auf und es war dunkel. Ich weiß nicht genau, wie ich es deuten sollte, bis heute nicht, aber Rolf erzählte mir jeden Morgen, wie gut er geschlafen hat bei dem hellen Licht. Ich glaube, hätte ich eine zweite Brille gehabt, hätte er mit mir seinen gesamten Biervorrat für die Brille getauscht.

Start morgens in Bodo. Sachen gepackt und Bikes starten. Nach über 12 Jahren mit meiner Suzi ist es keinesfalls Routine, den Motor im kalten Zustand zu hören. Nach so vielen Kilometern auf dem Tacho erschrak ich mich schon das eine oder andere Mal, wie sie sich schüttelt und vibriert wie so ein nasser Pudel, der gerade aus dem Wasser springt. Erstaunlich, wie gleichmäßig der Motor nach der Kaltstartphase ruhig und gleichmäßig lief. Die mitleidigen Blicke von Rolf beim Warmlaufen des Motors sprachen Bände.

Fährhafen Bodo, übersetzen nach Moskenes auf den Lofoten. Dauer der Überfahrt ca. 3 Stunden.

Frühstücken an Bord, mit anderen Bikern fachsimpeln und das schöne, aber sehr windige Wetter draußen auf Deck genießen.

Wir Biker verließen das Schiff zum Schluss. Rolf und ich fuhren hinter dem Tross der Motorräder her. Wie sich kurze Zeit später in der Sackgasse herausstellte, die verkehrte Richtung. Ein wenig Schmunzeln war schon zu erkennen unterm Helm, wie ich meine. Einer fährt vor ... alle anderen hinterher. Richtige Richtung und los geht es, Kapelle machen. Das Wetter war einfach nur super. Wir hielten im Rolvsfjord , wie passend, und mieteten uns hier eine Hütte.

Die kürzeste Tagesstecke auf der ganzen Tour, aber der Fjord war so klasse, dass wir beschlossen, die teure Hütte zu mieten.

Gepäck runter und ohne Gerödel ein bisschen durch die Gegend fahren. Auch einzigartig auf der ganzen Tour. Museum besucht und im Supermarkt rein zufällig auf einheimisches Bier gestoßen. Der Preis hielt sich in Grenzen, waren auch nur 0,2-l-Dosen. Der Vorrat wurde geschont und schon landete die Palette Bier bei Rolf in den Seitenkoffern.

Gemütlich vor der Hütte sitzen, auf den Fjord schauen und schon mal vorsichtig den Satz an Rolf loswerden „Meine Suzi läuft wie ein Uhrwerk" ... zwar noch sehr zurückhaltend, aber immerhin, wir waren ja schon einige Kilometer gefahren.

Nach einigen Bierchen hatte Rolf eine tolle Idee, aus seiner Sicht, aber er hat mich überzeugt.

Ich könnte doch mein Zelt aufbauen????? Die Hütte war doch groß genug, stimmt .

War ja eigentlich für 8 Personen mit großem Wohnraum. O.k. ... sollte das Zelt auf der ganzen Tour nicht zum Einsatz kommen, müsste es hier und jetzt passieren. Zelt ausgepackt und im Wohnraum aufgestellt, natürlich ohne Heringe. Die Nacht war herrlich im Zelt und so schön dunkel mit Brille.

Lofoten .... die Südsee des Nordens.

Wenn man die Lofoten bei schönem Wetter bereist , so wie wir, hat man das Gefühl, in der Südsee zu sein. Von der abwechslungsreichen Landschaft her könnte man es mit Hawaii vergleichen .

So stellt man sich das Paradies vor. Spätestens hier sind alle „DEUTSCHLANDZWÄNGE" weg ... einfach weg. Nur fahren und genießen. Wirklich ein tolles Gefühl.

Man fährt und die Blicke fallen immer wieder in die Fjorde mit kleinen bunten Häusern. Hier zu wohnen, müsste doch schön sein. Aber bei schlechtem Wetter? Im Winter? ... fast nur dunkel? .. egal .. jetzt und hier ... alles ist gut.

Lofoten rauf bis Bjerkvik und weiter Richtung Norden. Übernachtung bei Skibotn. Hütte mit WC und Dusche von privat gemietet, etwas abseits der Strecke. Sehr nette Vermieterin mit zwei Hütten. Wir genossen das Stiefelbier mit Blick aufs Wasser bei Sonnenschein. Die zweite Hütte war belegt von Beate. Beate war seit Pfingsten mit ihrem umgebauten VW Caddy unterwegs, um in Norwegen zu fotografieren. Nach einem gemeinsamen Bier verabschiedete sich Beate und lud uns für den kommenden Morgen zum Frühstück in ihre Hütte ein. Nach einem sehr reichhaltigen Frühstück draußen auf der Terrasse ging es für uns weiter .... Kapelle machen.

Die Strecke von Bjerkvik bis nach Alta hoch war wie schon zuvor recht abwechslungsreich , mal am Wasser entlang und mal durch tiefe Schluchten und immer wieder durch unzählige Tunnel.

Das Wetter wie gehabt; nur Sonne und vereinzelt ein paar Wolken. Wir hatten mit einigen Motorradfahrern, die vom Nordkap kamen, gesprochen, und sie meinten, es lohnt sich nicht, zum Kap zu fahren, da das Wetter da oben zu schlecht ist.

Heute sollte es passieren. Letzte Etappe bis zum Kap. Los ging es ... Kapelle machen .... nach 7 Tagen und ca. 2750 km. Noch ca. 250 km und wir sind am Ziel ... Wahnsinn.

Euphorie gleich hinter Alta leicht gedämpft. Sehr lange Baustelle mit sehr schlechter Straße. Da es keine Ausweichstraße gab, wurde auf der Strecke die Fahrbahn erneuert und befahren. Habe schon viele schlechte Straßen befahren, aber diese Strecke war die Krönung. Hätte meine alte Lady mich abgeworfen, hätte ich es verstehen können. So tiefe Schlaglöcher, auch bei Schritttempo.

Die letzten 100 km vorm Kap waren noch sehr turbulent. Starker Sturm mit bewölktem Himmel und leichtem Sprühregen, war aber zum Glück nur von kurzer Dauer. Auf der letzten Etappe überholten wir immer mehr Fahrradfahrer mit Gepäck. Viele kamen uns auch entgegen. Eine ganz schöne Leistung, sich mit Fahrrad und Gepäck durch die immer karger werdende Landschaft zu strampeln.

Das Wetter wurde zunehmend besser und wir fuhren am Wasser entlang und durch viele Tunnel. Der letzte Tunnel vorm Kap war mit knapp 7 km Länge und bis zu 10 % Steigung doch ziemlich ergreifend und man musste aufpassen, dass man keinen Fahrradfahrer überfährt, da sie teilweise ohne Licht im Tunnel unterwegs waren.

Es war der 01.07.2015, ca. 14 Uhr. Wir hatten beschlossen, den Campingplatz ca. 30 km vorm Kap anzufahren, etwas vor Honningsvag, um hier eine Hütte zu mieten, bevor wir den Endpunkt erreichen.

An der Rezeption, mit angeschlossenem Shop, Hütte gemietet und gefragt, wie lange der Shop geöffnet hat. Bis 23 Uhr, sagte uns die Verkäuferin. Müsste passen, sagte ich zu Rolf, der nur noch eine Dose Bier hatte, und ich konnte keine mehr aus meiner Dackelgarage zaubern. Nach dem Kap Stiefelbier war natürlich Pflicht heute.

Das Gepäck blieb auf den Bikes und wir wollten das schöne Wetter nutzen und fuhren los. Ziemlich aufgewühlt, nach einer Strecke von 3000 km ohne jegliche Pannen und Streitereien und fast nur bei schönem Wetter das Ziel fast erreicht zu haben. Ich erwischte mich dabei, wie ich zu meiner Suzi sagte, wie stolz ich auf sie bin.

Die letzten Kilometer fuhren wir sehr langsam. Ich muss erwähnen, dass Rolf während der gesamten Tour sehr viele Fotos gemacht hat und wir auf der letzten Strecke zum Ziel einige Fotostopps eingelegt und dabei sehr viele Radfahrer überholt hatten. Der letzte Halt vorm Ziel in einer Parkbucht, um von weitem schon mal das Kap zu fotografieren, war sehr emotional.

Ein kurz vor der Parkbucht überholter Radfahrer hielt neben uns und Rolf kam mit ihm auf Englisch ins Gespräch. Er war Italiener und seit zwei Jahren von Italien mit dem Fahrrad und Zelt unterwegs mit dem Ziel Nordkap. Sein Alter haben wir auf ca. 65 bis 70 Jahre geschätzt. Wollte zwei Tage oben bleiben und danach wieder zurück nach Italien, alles mit dem Fahrrad, Wahnsinn.

Auf Grund dieser enormen Leistung des Italieners kamen wir uns dabei, mit dem Motorrad zum Nordkap zu fahren, leicht verloren vor. Für mich sind diese Menschen die wahren Sportler ..... ich möchte hier keine Vergleiche ziehen und auch keine Kritik üben, aber mal ehrlich, mit einem Formel-1-Wagen im Kreis zu fahren oder eine Ablösesumme von 30 Millionen Euro für einen Fußballspieler auszugeben, hat für mich nichts mehr mit Sport zu tun, das sind in meinen Augen nur noch Geldgeschäfte.

Das Kap war erreicht ... fast ... erst mal bezahlen. Mit einem Preis von 30 Euro nicht ganz billig, aber wer hierherkommt und dann wegen des Preises einen Rückzieher so kurz vorm Ziel macht, ist selber schuld, aber genau das wissen auch die Betreiber. Im Preis sind auch das Museum im Nordkaphaus und noch einige andere Sehenswürdigkeiten enthalten. Das Ticket gilt für 24 Stunden.

Das Nordkap, norwegisch Nordkapp, ist mit 71°10`21" der nördlichste via Straße erreichbare Punkt Europas und liegt auf einer 308 m hohen Felsklippe am Rande des Eismeers. Es ist fast schon beschämend, wieder von Sonnenschein und Windstille zu schreiben. Wir haben unterwegs keinen Biker gesprochen, der Glück mit dem Wetter hier oben hatte. Hatten halt die richtige Zeit gewählt. Nach der ersten Findungsphase am

Felsen hatten wir uns sehr schnell eingelebt. Nach einem starken, teuren Kaffee und Durchstöbern der Souvenir-Shops zogen wir es vor, draußen die Eindrücke bei Weitsicht zu genießen. Rolf hatte schnell Arbeit gefunden und war ständig am Fotografieren der noch wenigen Personen am Kap. Einmal angefangen, drückte fast jeder Rolf eine Kamera in die Hand und fragte, ob er ein paar Bilder von ihnen machen könnte. Rolf gefiel es.

Wir haben uns mit sehr vielen Leuten unterhalten und haben am Schluss auch verstanden, wie es hier oben läuft. Mittlerweile traf auch der Italiener mit seinem Fahrrad ein. Sehr ergreifend, ihn mit feuchten Augen da stehen zu sehen.

Die Kassen haben bis 1 Uhr nachts geöffnet. Das hat seinen Grund. Die Sonne geht hier oben um diese Jahreszeit nicht unter und nach einer leichten Drehung steigt sie wieder nach oben. Dieses Schauspiel ereignet sich in der Mittsommerzeit zwischen 23 Uhr und 1 Uhr nachts. Ohne Wolken natürlich ein Naturschauspiel.

Der Parkplatz war überfüllt mit Wohnmobilen und gleich davor hatte der Italiener sein Zelt aufgebaut. Es läuft hier folgendermaßen ab: Ab 22 Uhr rollen die Touri-Busse von den Fjorden an, wo die Kreuzfahrtschiffe liegen, und dann ist der Platz hier übersät mit Touristen. Um 1 Uhr morgens ist der Spuk vorbei. Wir konnten es nachmittags im Kleinen miterleben. Eine relativ kleine Touristengruppe aus Ostdeutschland kam, Türen vom Bus vorne und hinten auf und im Laufschritt zur Kugel, um sie zu fotografieren. Unter anderem kam Rolf als Nordkapfotograf auch wieder zum Einsatz. Kurze Zeit später hörte man die Reiseleiterin schon wieder schreien: „Wir sind spät dran, das Essen wartet", und ab ging es wieder. Wir guckten uns an und begriffen, was hier abends so passieren würde.

Wir wollten die tollen Eindrücke, die wir hier oben aufgesogen hatten, so in Erinnerung behalten und entschlossen uns, um 21.30 Uhr, uns zu verabschieden. Die Entscheidung war richtig. Unterwegs kam uns ein Bus nach dem anderen entgegen.

Wieder zurück auf dem Campingplatz, erleichterten wir unsere Motorräder und bezogen die Hütte. Rolf war noch am Sortieren und ich ging Richtung Shop. Kleinigkeiten einkaufen inkl. Stiefelbier und ab zur Hütte. Rolf lächelte, als er meine Dose in der Hand sah, und sagte: „Auch nicht schlecht, alkoholfreies Bier." Die Tatsache, dass es hier nur alkoholfreies Bier im Shop zu kaufen gab, erfuhren wir erst am anderen Morgen bei der Schlüsselabgabe. Rolf konnte sein Lächeln nicht verbergen und lud mich nach Einrichtung der Hütte zum Bier in ein etwas entferntes Hotel ein.

Wir entschlossen uns, bei dem schönen Wetter morgen früh noch mal zum Kap zu fahren, da das Ticket ja 24 Stunden Gültigkeit hatte. Der kommende Morgen war alles andere als schön, und so entschlossen wir uns nach Verlassen der Hütte, die Rücktour anzutreten.

Die Rücktour wählten wir über Finnland und Schweden ohne Fähren über die Öresundbrücke, Dänemark und zurück nach Deutschland.Wir fuhren über Olderfjord weiter ein Teilstück durch Finnland über den Polarkreis, in Schwedisch Jokkmokk, und weiter Richtung Pitea.

Das Wetter hielt sich in Grenzen und die weiten Wälder in Schweden kamen uns endlos vor. Da uns die Hinfahrt zum Kap fast wie in Trance vorgekommen war und wir immer ein Ziel vor Augen gehabt hatten, fühlte es sich jetzt auf der Rückfahrt ganz anders an. Irgendwie fühlte es sich komisch an, richtig komisch. Mehr so ein Gefühl von Leere, was kam jetzt? Nach einigen hundert Kilometern war das Gefühl verflogen.

Die nächsten Tage und Nächte sind nicht so erwähnenswert. Hütte gemietet und mein Zelt kam fast immer zum Einsatz. Die Wälder Schwedens haben auch ihren Reiz, aber gegen Norwegen! ..... aber das ist unsere persönliche Einstellung. Das änderte sich, als wir die endlosen Kilometer in den Wäldern hinter uns gelassen hatten und uns wieder der Küste näherten.

Wir fanden einen großen Campingplatz in Mora. Der Preis für die Hütte war relativ hoch, aber Rolf meinte, die schöne Stadt entschädige einen dafür. O.k. .... ein Platz für mein Zelt war undiskutabel, weil der Preis fast so hoch war wie der der Hütte. Für zwei Mann gemietet, ohne sie vorher anzuschauen, weil sie relativ weit von der Rezeption entfernt lag. In der Regel schauten wir uns die Hütten vorher an. Hier war alles anders. Bezahlt, Schlüsselübergabe und mit den Motorrädern eine ganze Strecke über den Platz gefahren und unter Bäumen stand nun unsere Hütte. Nee .... das konnte unmöglich unsere Hütte sein.

 Sah ja mehr aus wie so ein Heustadl im Freilichtmuseum. Einmal über den Platz gefahren, aber es
gab kein Vertun, das war Hütte Nr. 58, Schlüssel
passte auch. Da Rolf größer ist als ich, zieht er meistens den Kopf schon etwas ein, wenn er durch Türen

geht. In der Regel brauche ich das nicht, aber hier im Freilichtmuseum hatte ich schon den ersten Kontakt mit der Hütte ... sch.... tat richtig weh.

Drinnen nicht besser als draußen. Zwei Hochbetten, also für vier Personen. So haben die Leute wohl im 17. Jahrhundert gelebt und geschlafen. Man lag da wie aufgebahrt und hätten im Hintergrund Glocken geläutet, dann wäre man sich wahrscheinlich wie bei der letzten Ölung vorgekommen. Aber dazu später mehr.

Zum Ortskern sind wir gar nicht gekommen, der Himmel war tiefschwarz und wir zogen ein Restaurant im Hafen vor. Richtige Entscheidung. Es regnete wie aus Eimern und wir mussten den Platz im Freien unter einem großen Schirm räumen und uns nach drinnen verkriechen.

Nach dem schweren Gewitter marschierten wir in Richtung Campingplatz zu unserer Behausung. Nachtbrille auf und ich versuchte zu schlafen. Es war mit Abstand die unruhigste Nacht auf der ganzen Tour. Nicht weil draußen Lärm oder irgendetwas die Ruhe störte, sondern weil man sich, wie oben schon beschrieben, aufgebahrt fühlte. Ich unterließ es, Rolf ein paar Distelzweige auf sein Bett zu legen. Wollte die Stimmung nicht noch mehr anheizen.

Morgens um vier ging gar nichts mehr. Rolf hatte die ganze Nacht kein Auge zugetan und bei mir waren es auch nur sehr kurze Phasen gewesen. Sachen gepackt und los. Gerne hätte ich aus Frust getestet, wie sich meine Suzi im Kaltstart bei 8000 Umdrehungen anhört. Aber das tue ich meiner Suzi nun wirklich nicht mehr an. Aber bei einem neuen Motorrad hätte ich da keine Garantie übernommen, es hier mal auszuprobieren.

Los ging es .... Kapelle machen. Bewölkter Himmel und erst mal fahren. Der Himmel zog sich zu und wir beschlossen, unsere Regensachen zu testen, die waren ja bis jetzt noch nicht zum Einsatz gekommen.

Einige Kilometer ohne Regen gefahren und Regenkombi wieder ausgezogen bis zur nächsten Tanke. Getankt, Kaffee getrunken. Rolf, wie auch schon in Norwegen, Brötchen mit Wurst ummantelt mit Speck gegessen. Scheint sein Lieblingsgericht geworden zu sein. Genau wie die kleinen grünen Kuchenröllchen, die wie Rumkugeln schmecken und uns beide sehr gut schmeckten.

Es regnete. Ein wenig gewartet .... egal, Regenkombi an und los. Es regnete die ganze Zeit. Zwei Stunden durch starken Regen fahren reichte. Man muss dazu sagen, dass die Straßen, bis auf ein paar Ausnahmen, relativ gut zu fahren sind hier in Schweden, aber bei Regen doch so einige tiefe Spurrillen aufweisen. Kurz vor der Tanke merkte ich schon, wie angenehm oder, besser gesagt, wie unangenehm sich meine Haut im Bereich vom Bauch bis zu den Füßen anfühlte, so feuchtwarm.

Rolf und ich waren mit Textil-Motorrad-Jacken und -Hosen unterwegs, die sehr gut zu tragen und absolut wasserdicht sind. Möchte hier keine Schleichwerbung betreiben, aber da passt das Preis-Leistung-Verhältnis noch und einen sehr guten Service hat die Firma aus Beckum auch noch. Bei der Firma hatte ich meine erste Lederkombi Ende der 70er Jahre gekauft, in Rot, Weiß und Schwarz, geiles Teil ... war früher halt so.

Hatten Glück und konnten unsere Motorräder etwas geschützt unter die Tanksäulenüberdachung stellen. Die Feuchtigkeit am Körper wurde stärker. Ich weiß nicht, wie man es nennt, wenn man den Reißverschluss von der Regenkombi und von der Textiljacke nicht ganz schließt ... Fahrkoller?? Egal ... jedenfalls war ich komplett durchnässt. Auch schön, bei Regen die Dackelgarage zu öffnen, vorher das Zelt und den Klappstuhl zu entfernen und dann zu versuchen, trockene Klamotten aus dem Gepäck zu wühlen. Vielleicht noch zu erwähnen, dass das, was man brauchte, ganz unten in den Taschen lag. Schönes Schauspiel, von innen an der Panoramascheibe mit heißem Kaffee zu kleben und zu gucken.

Treffpunkt der Motorradfahrer bei Regen sind meistens die Tankstellen. Man könnte meinen, da die meisten Regenkombis tragen, wäre man in einem Fischereihafen und wir wären alle Krabbenfischer mit unseren Anzügen und würden den Fang besprechen.

Irgendwann war ich wieder trocken und wir fuhren bei trockenem Wetter weiter, bis nach Falkenberg

Falkenberg liegt zwischen Göteborg und Helsingborg an der Küste. Schöner Campingplatz. Schöne kleine Hütte mit Veranda gemietet. Die Sonne schien und ich fuhr noch mal kurz vom Platz in einen Supermarkt, der ca. 2 km vom Platz entfernt lag, um noch ein paar Dosen Stiefelbier zu kaufen.

Abendspaziergang am Wasser und ab zur Hütte. Die Sonne stand genau zur Veranda, und so waren die letzten Vorräte ruck, zuck verbraucht.

Die Fenster ließen sich nicht verdunkeln, und so blieb die Hütte nachts ziemlich hell. Die Schlafbrille war ein Traum. Das war die erste Nacht, wo ich etwas länger geschlafen habe als Rolf. Vielleicht lag es an der Hütte oder wieder mal an der Schlafbrille. Rolf versicherte mir wieder mal, wie herrlich er bei den hellen Nächten schlafen konnte. Hier war die Nacht sehr hell und ob Rolf geschlafen hat, kann ich nicht sagen.

Morgens, 8 Uhr, und los ... Kapelle machen. Wie schon so oft auf der ganzen Tour ohne Frühstück erst mal fahren und dann beim Tanken frühstücken und Mittag essen in einem. Wir wählten ja den Rückweg ohne Fähren und hatten beschlossen, wenn es gut läuft, bis Deutschland oder gleich bis nach Hause zu fahren. Das wären ungefähr 900 Kilometer.

Wir waren nicht auf der Flucht und hatten uns auf der ganzen Tour an die vorgeschriebenen Geschwindigkeiten gehalten, die meiste Zeit jedenfalls. Deshalb überlegten wir, wenn wir heute nach Hause fahren würden, in nur 13 Tagen die Tour beenden zu können. Die eingebauten Regentage konnten wir komplett streichen, da wir ja fast nur bei schönem Wetter unterwegs gewesen waren.

Das Schlimmste, worüber wir uns zu Hause Gedanken gemacht hatten, war, wie man das vorgeschriebene Tempolimit von 80 bzw. 90 km/h in Norwegen einhält. Um es kurz zu sagen, war es von Anfang an kein Thema. Schneller braucht man wirklich nicht zu fahren und man gewöhnt sich sehr schnell an die Geschwindigkeit.

Weiter Richtung Helsingborg mit sehr schönen Streckenabschnitten an der Küste entlang bis zur Öresundbrücke. Die Überfahrt ist ein tolles Erlebnis, aber nicht ganz billig. Mit 26 Euro für eine einfache Überfahrt ganz schön heftig, aber immer noch billiger als eine Fährüberfahrt.

Weiter über die Storebaltsbroen, die Großer-Belt-Brücke, mit 18 Kilometer Länge, davon zwei Brücken und ein Tunnel für 18 Euro. Wir fuhren weiter bis nach Kolding in Dänemark und weiter auf der E 45 Richtung Flensburg. Man merkte gleich wieder, dass wir in Deutschland waren. Kurz hinter der Grenze in Deutschland überholten wir einen Lkw und hinter mir klebte ein Nobelschlitten mit Blinker links gesetzt direkt bei mir am Nummernschild. Schade, hätte ich ihn an der Tankstelle getroffen, hätte ich ihn gefragt, ob er in meiner Dackelgarage parken wollte.

Kurz vor Hamburg hielten wir an, um zu tanken und noch eine Kleinigkeit zu essen, bevor wir die letzte Etappe nach Hause in Angriff nehmen. Das Wetter war mit Sonne und leichten Schauern durchwachsen, aber die Vorfreude, heute noch nach Hause zu kommen, ließ die Regenkombi im Tankrucksack. Hier bemerkte ich, dass an meiner linken Vordergabel der Simmerring ein wenig Öl durchließ.

Im Restaurant saß ein Bikerpärchen aus der Schweiz neben uns und wir kamen ins Gespräch. Die beiden kamen auch vom Nordkap und wollten an dem Abend noch mit dem Autoreisezug nach Lörrach zurück. Sie waren drei Wochen in Norwegen und drei Tage vor uns am Kap gewesen, nur bewölkt und Regen. Die Frau war ein wenig neidisch auf uns und als ich ihr meine Handyfotos vom Kap zeigte, war es ganz vorbei. Wir hörten sie nur noch sagen: „Siehste .... ich wollte noch oben bleiben, aber du?" ....

Letzte Etappe nach Hause. Einmal noch Kapelle machen und die Tour Revue passieren lassen. In 13 Tagen 6500 Kilometer ohne Zwischenfälle, ohne Streitereien untereinander, ohne brenzlige Situationen und meine Suzi lief ohne zu mucken, nicht einmal eine Glühbirne war kaputtgegangen. Mal abgesehen von dem undichten Simmerring, der aber weiter keinerlei Probleme bereitete und fast noch nicht mal aufgefallen wäre. Rolfs GS war auch ohne irgendwelche Macken tadellos gelaufen. Wahnsinn ....Leider hatten wir auf der ganzen Tour keine Elche gesehen. Dafür weidende Rentierherden die teilweise die Fahrbahn kreuzten. Was kommt nach dem Nordkap? Man sagt ja, wer mit dem Motorrad am Nordkap war, müsste auch nach Tarifa in Spanien fahren. Knapp 3000 Kilometer. Genauso weit wie zum Kap, nur Richtung Süden. Mit 142 000 Kilometer auf dem Tacho meiner Suzi und ohne erkennbare Schwächen ist es schwer, über ein anderes Motorrad nachzudenken. Ich werde sie weiter fahren. Aber nach Spanien? Jetzt würde ich sagen ja, aber in zwei Jahren mit bestimmt 150 000 Kilometer auf der Uhr ... mal schauen.

Eines ist aber ist jetzt schon sicher. Meine Suzi wird NICHT verkauft. Wer mich ohne Zwischenfälle die ganzen Jahre begleitet hat, kommt nicht unter den Hammer. Sie bleibt bei mir in der trockenen Garage und wird, wenn sie nicht mehr so fit ist, nur noch bei schönem Wetter gefahren, z.B. zum Köterberg. Das hat sie sich verdient ....

Andreas Abst

FSC
www.fsc.org
MIX
Papier | Fördert
gute Waldnutzung
FSC® C083411

Zeitfracht Medien GmbH
Ferdinand-Jühlke-Straße 7
99095 Erfurt, Deutschland
produktsicherheit@kolibri360.de